MOSAICO ITALIANO
Racconti per stranieri
3

Raffaella Nencini
Giallo a Cortina

LIVELLO 2/4

BONACCI EDITORE

Ristampa della 1ª edizione

I diritti di traduzione, di memorizzazione elettronica, di riproduzione e
di adattamento totale o parziale, con qualsiasi mezzo
(compresi i microfilm e le copie fotostatiche), sono riservati per tutti i paesi.

Foto di copertina di Valerio Varrone

Printed in Italy

Bonacci editore srl
Via Paolo Mercuri, 8
00193 ROMA (Italia)
tel:(++39)06.68.30.00.04
fax:(++39)06.68.80.63.82
e-mail: info@bonacci.it
http://www.bonacci.it

© Bonacci editore, Roma 1997
ISBN 88-7573-338-4

1

– Dottor[1] Righi, al telefono!

Quando la signora Tschurschentaler[2], proprietaria della pensione Rosengarten di Sesto[3], gli si rivolge con quel tono, Marcello Righi non può fare altro che ubbidire.

Il telefono è al piano terra, vicino all'ingresso. Marcello si ostina a non voler portare in vacanza il cellulare[4].

– Sì? – dice, con la speranza che sia quella bella ragazza austriaca conosciuta il giorno prima in funivia. Come si chiamava?

– Marcello, scusa, sono Marianna, dalla *Notizia*. Ti passo subito il direttore.

Marianna? *La Notizia*? Direttore? Marcello è in ferie da una settimana, e quelle parole gli sembrano più lontane della luna. Ma la voce di Marroni, detto "lo Squalo", è più che reale.

– Marcello? Ciao, hai saputo?

– No, cosa?

– La Turchetti. È scomparsa.

– Manù Turchetti? Ma non era a Cortina[5] per il premio?

– Esatto, al Posta[6]. Ma dove vivi, scusa? Il direttore dell'albergo ha denunciato la scomparsa ieri. Vai a dare un'occhiata.

– Ma... io sono in ferie.

– Appunto. Non sei da quelle parti?

– Più o meno.

---

[1] *dottor*: in rapporti formali è abbastanza comune, in italiano, rivolgersi a un uomo che si sa (o si suppone) essere laureato, chiamandolo "dottore", a prescindere dal tipo di laurea posseduta.

[2] *Tschurschentaler*: in Alto Adige (regione dell'Italia del nord, confinante con l'Austria, e fino al 1919 appartenente a questo paese), la popolazione di lingua tedesca porta nomi e cognomi tedeschi.

[3] *Sesto*: piccolo centro turistico della Val Pusteria, nella parte orientale dell'Alto Adige.

[4] *cellulare*: telefono portatile.

[5] *Cortina*: il più famoso e mondano centro turistico delle Dolomiti, situato nella parte nord-occidentale del Veneto.

[6] *Posta*: antico ed elegante hotel di Cortina.

– Adesso ti devo lasciare, ho una chiamata sull'altra linea. Fammi sapere. Ciao bello[7].

"Ecco fatto, ferie finite", pensa Marcello mentre risale in camera.

È ancora sul pianerottolo quando – Dottor Righi, al telefono! – lo chiama di nuovo la signora Tschurschentaler, e nella sua voce a Marcello sembra di sentire una leggera irritazione. Sarà l'austriaca?

– È sua madre – gli dice la signora con un sospiro, e gli porge il ricevitore.

Alle nove meno un quarto, poco prima di scendere per la colazione, Marcello è davanti allo specchio, finisce di vestirsi. Altezza sul metro e sessantotto, capelli scuri e corti, purtroppo non più così folti come un tempo. Robusto, con un accenno di pancetta quasi invisibile sotto la camicia. Occhi castani dietro a lenti rotonde. Mani grandi, piedi piccoli. Barba lunga di due o tre giorni. Abbronzato. "E bravo!" pensa dandosi un'ultima occhiata: stamattina non si trova niente male. Prende la giacca a vento e scende al piano terra della piccola pensione dove trascorre le ferie. Di sotto c'è un buon profumo di strudel[8] appena sfornato.

– Ciao Marcello! – lo saluta allegramente dalla cucina Heidi, la figlia più piccola della signora Tschurschentaler. Durante le vacanze dall'università aiuta nella pensione dei suoi: prepara la colazione, serve ai tavoli, rifà le stanze. Ha sempre un sacco da fare. Ora sta sistemando su un grande vassoio la colazione per vari tavoli: latte, tè, cioccolato, succo di frutta, fette di strudel, yogurt, marmellata, burro, affettati.

– Per te come al solito? – gli chiede quando Marcello si affaccia sulla porta. Latte, caffè, un panino, marmellata di fragole e il giornale: da cinque anni, da quando Marcello ha cominciato a venire al Rosengarten, questa è la sua colazione.

– Senti, Heidi, chi era quel tipo che ieri sera... – comincia.

– Ma quanto sei curioso! – gli risponde ridendo la ragazza prima di uscire dalla cucina.

---

[7] *ciao bello*: saluto molto informale. Non necessariamente la persona a cui viene rivolto deve essere bella...

[8] *strudel*: dolce tipico della regione, formato da un rotolo di pasta ripieno di mele e frutta secca.

E un attimo dopo, passandogli accanto: – E chi era quella che ieri ti ha telefonato tre volte? – gli chiede, mentre la sua codina bionda saltella a destra e a sinistra.

– E tu che ne sai? – risponde Marcello, e le apre la porta della sala.

Non si è ancora seduto al suo tavolo che lo raggiunge l'avvocato Venanzi, elegante come al solito: pantaloni di velluto al ginocchio, calzettoni di lana, camicia a quadri e gilè intonato. Sembra sempre in partenza per qualche escursione, invece al massimo fa una passeggiata lungo il torrente del paese o va a pranzo in qualche comodo rifugio raggiungibile in macchina o in funivia.

– Ha sentito della Manù Turchetti?
– Mhmh.
– Ma cosa sarà successo?

Da quando l'avvocato Venanzi ha saputo che Marcello è redattore culturale della *Notizia*, non perde occasione per strappargli notizie e opinioni, che poi riferisce agli amici.

– Non ne ho idea – gli risponde Marcello.

L'esperienza gli ha insegnato che dare corda[9] all'avvocato Venanzi può essere pericoloso.

Mentre beve il suo caffellatte scorre il giornale locale. In prima pagina c'è una foto di Manù Turchetti, vestita e pettinata come una quindicenne. Accanto a lei un uomo giovane, con la barba. Il titolo dice: "Scomparsa senza lasciare traccia". Più sotto riferisce i particolari dell'accaduto. Dopo aver letto gli altri titoli, Marcello salta direttamente alla terza pagina[10]. Anche se è un giornale di provincia, la terza pagina gli sembra in genere ben fatta.

– È vero che aveva stipulato una grossa assicurazione sulla vita a favore dell'ex-marito? – chiede Venanzi.

– A pagina 12 ci sono tutti i particolari, sa? – gli risponde Marcello alzandosi. – Buona giornata – dice, ed esce lasciando il giornale sul tavolo.

Fuori il sole è appena scomparso dietro una nuvola nera.

---

[9] *dare corda*: incoraggiare.
[10] *terza pagina*: tradizionalmente era la pagina di un quotidiano dedicata alla cultura. Nei quotidiani più importanti è stata ormai sostituita da più pagine, in genere centrali.

– Cambia il tempo! – gli grida Heidi passandogli accanto in bicicletta.
– Ehi! Senti! Aspetta! – la chiama Marcello, ma la ragazza è già arrivata in fondo alla strada. Una goccia di pioggia lo colpisce sul naso.

2

Da Sesto a Cortina ci vuole una mezz'ora, lungo una strada ai cui lati ci sono soltanto montagne, prati e boschi. Oggi le montagne quasi non si vedono, sono coperte dalle nuvole basse, e i prati e i boschi sono di un verde scuro e spento.
"Almeno non mi sono perso niente", pensa Marcello mentre sul vetro della macchina la pioggia batte forte. C'è traffico.
"Accidenti[11], ci mancava il camper[12]." In macchina perde facilmente la pazienza.
Accende la radio per sentire *Onda verde*[13].
– Traffico regolare sulla statale 51 dopo i rallentamenti dovuti alla forte pioggia...
"Qui la forte pioggia c'è ancora, e il traffico non mi sembra regolare per niente" pensa Marcello.
Finalmente il camper gira a destra, Marcello mette la quarta e approfitta di un rettilineo[14] per superare due macchine. Gli torna in mente l'espressione fissa di Manù Turchetti sulla foto del giornale, il suo trucco da bambola. Doveva essere una vecchia foto di quando ancora recitava. E chissà chi era quell'uomo. Il giornale non lo diceva.

A Cortina lascia la macchina nel primo parcheggio che trova.
– L'ombrello! Me lo sono dimenticato anche stavolta!

---

[11] *accidenti*: esclamazione colloquiale. Può esprimere, come in questo caso, disappunto, oppure sorpresa.
[12] *camper*: grosso autoveicolo attrezzato con cucina, letti, servizi igienici ecc.
[13] *Onda verde*: programma trasmesso ogni ora dalle reti radiofoniche della Rai, durante il quale vengono date notizie riguardanti il traffico sulle strade italiane.
[14] *rettilineo*: tratto di strada dritto, senza curve.

Correndo sotto la pioggia si avvia verso l'hotel Posta. Nelle strade intorno al centro il traffico è paralizzato. Arrivato in corso Italia, zona pedonale, Marcello rallenta il passo e osserva la gente che nonostante la pioggia passeggia lungo la strada, guarda le vetrine, entra ed esce dalla Cooperativa, il grande magazzino del paese.

Ci sono giovani mamme eleganti che spingono nei loro passeggini bambini altrettanto eleganti; uomini con giacche impermeabili verdi, tutte uguali, che parlano al telefonino con accento romano o milanese; ragazzi abbronzati; ragazze con lunghi capelli biondi; signore anziane piene di gioielli. Ma ci sono anche persone più modeste e più normali, vestite in tuta da ginnastica e scarpe da tennis, o gruppi rumorosi di gitanti appena scesi da qualche pulman granturismo.

Marcello riconosce qualche faccia famosa, e intorno vede una moltitudine di persone che si trovano lì soltanto per poter dire, al ritorno in città: – C'eravamo anche noi.

La hall del Posta, stranamente, è quasi deserta. Accanto alle scale c'è la contessa Solmi Parrelli, organizzatrice del premio Cortinella d'Oro. Appena vede Marcello gli va incontro.

– Ah, caro Righi, ma si rende conto? Rovinata, sono rovinata!

Dall'ultima volta che l'ha incontrata la contessa è molto ringiovanita, Marcello quasi non la riconosce: in jeans e maglione gli sembra più magra, i capelli sono più scuri, la voce, sì, persino la voce è un po' più metallica di come la ricordava. Miracoli della chirurgia plastica!

– Come sta, contessa?

– Come vuole che stia, sono distrutta! Povera Manù! Addio premio! Con tutto quello che ho fatto per farla vincere! – e aggiunge con un'occhiata confidenziale: – Naturalmente questo resti tra noi, non lo vada a scrivere sul suo giornale, eh!

In effetti da parecchi anni Manù Turchetti non pubblica un libro di successo, dopo le glorie ottenute con *Malati d'amore* e *Rubami il cuore*. Ma una grande campagna pubblicitaria ha accompagnato l'uscita del suo ultimo lavoro, *Rose nella polvere*, e l'ex-attrice si preparava a vivere un nuovo trionfo letterario.

– Quando l'ha vista l'ultima volta? – le chiede Marcello.

– Ma lunedì sera, dai Mazzotto, non lo sa, scusi? Dopo il ballo l'abbiamo accompagnata qui, Furio ed io...

– Furio?
– Ma sì, suo nipote... No, ma cosa dico, mio nipote. Oddio, sono veramente a pezzi[15]! Manù in effetti sembrava un po' strana, ma come si poteva pensare...?

In quel momento un uomo giovane, alto, elegante, con barba e occhiali da sole, esce dall'ascensore.

– Ecco, Righi, cosa le dicevo? *Lupus in fabula*[16]. Furio, ti presento Marcello Righi, della *Notizia*.

L'uomo fa un cenno con la testa a Marcello.

– Piacere – risponde senza tendere la mano. – Fulvia, vogliamo andare? È tardi.

– Righi, la prego, stasera dopocena l'aspetto da me, mi raccomando – fa la contessa prima di essere trascinata fuori da Furio.

3

– Insomma, Marcello, una storia strana – dice Michela Massi, una collega che Marcello ha incontrato davanti alla farmacia di Cortina: la corsa sotto la pioggia gli ha lasciato mal di gola e raffreddore. Michela è molto carina: piccolina, rotondetta, ha i capelli neri corti e sorride sempre.

"Chissà se sta sempre con quell'architetto?", si chiede Marcello, che ha deciso comunque di non lasciarsi sfuggire l'occasione per approfondire la conoscenza.

– Ed è vera la storia dell'assicurazione sulla vita? – le chiede.

– Verissima, confermata dal suo notaio. La Turchetti l'ha fatta un mese fa. Poi stamattina si è saputo del biglietto...

– Che biglietto?

– È arrivato alla contessa Solmi Parrelli, pare sia stato spedito due giorni fa da Belluno. Lei era la sua migliore amica, e siccome Manù non ha altri parenti... a parte l'ex-marito, naturalmente, ma...

---

[15] *essere a pezzi*: essere molto stanchi, esauriti. Può riferirsi sia a condizioni fisiche che psicologiche.
[16] *lupus in fabula*: espressione latina, usata quando qualcuno di cui si sta parlando compare all'improvviso.

– Aspetta, aspetta, la storia comincia a interessarmi. Pensavo di passare in quel negozio di antiquariato in piazza a vedere dei libri, ti va di accompagnarmi?
– Beh, veramente ho un po' fretta...
– Allora perché non ceniamo insieme stasera, così mi racconti tutto con calma?
Michela esita, poi sorride.
– Va bene, d'accordo. A che ora ci vediamo?
– Alle otto va bene?
– Perfetto. Io abito in quella casa proprio di fronte alla Cooperativa, sopra al negozio di mobili. Sul citofono c'è scritto Majoni.
– OK, allora alle otto. Ah, senti, mi dai il tuo telefono? Non si sa mai...
– Certo. 92.21.73. A stasera.
– Ciao.
E si salutano baciandosi sulle guance.

Quando Marcello e Michela entrano nel piccolo ristorante nascosto tra gli alberi, vicino al lago Ghedina, quasi tutti i tavoli sono già occupati.
– I signori hanno prenotato? – chiede il cameriere.
– Sì, il nome è Righi. Un tavolo per due, alle otto e mezza.
– Ah sì, prego, il tavolo è quello accanto alla finestra. Se si vogliono accomodare...
– Grazie.
– Che carino qui, non lo conoscevo. – dice Michela guardandosi intorno.
Tutti i tavoli sono apparecchiati con tovaglie a quadretti bianchi e rossi. Il pavimento e le pareti sono di legno, il soffitto è basso e al centro della sala c'è una grande stufa bianca. Le finestre sono piccole, e sui davanzali ci sono vasi di fiori rossi, gialli, viola.
Il cameriere porta il menù.
– Prendiamo una bottiglia o del vino della casa?
– Proviamo quello della casa.
– Rosso?
– Certo!

– Ah, guarda, devi provare assolutamente la polenta[17] con i funghi, se ti piace. È la loro specialità.
– Fantastico, vado matta[18] per i funghi. E tu cosa prendi?
– Io... la minestra d'orzo[19].
All'improvviso Marcello è folgorato da un pensiero. "Elena!"
– Michela, oggi ne abbiamo quindici?
– Sì, perché?
– Scusami un momento, ordina tu, io devo fare una telefonata urgente.
"Come ho fatto a dimenticarmene?" si chiede Marcello. L'appuntamento con Elena, la promessa di cenare insieme a Venezia... E pensare che lei aveva un altro impegno, è stato lui ad insistere. Inserisce la scheda telefonica[20], fa il numero. "Meno male, c'è la segreteria!".
– Risponde il 2-3-5, 6-7, 0-0. In questo momento non sono in casa, ma se volete potete lasciare il vostro messaggio dopo il segnale acustico. Grazie.
– Elena?
Silenzio.
– Elena, sono Marcello. Volevo scusarmi per non essere potuto venire all'appuntamento... C'è stato un imprevisto... Domani ti chiamo e ti spiego tutto. Mi dispiace veramente. Ciao.
"Mi sa che comincio a invecchiare, una volta queste cose non mi capitavano. Speriamo solo di non incontrarla qui a Cortina", pensa Marcello mentre torna verso la sala da pranzo.

Durante la sua assenza è arrivato il vino e Michela se ne è versato un bicchiere. Appena seduto, Marcello riprende il discorso su Manù Turchetti.
– Cosa mi dicevi dell'ex-marito della Turchetti? – le chiede, e si accende uno dei suoi toscani[21].

---

[17] *polenta*: piatto a base di farina di mais.
[18] *andare matto per qualcosa*: provare uno speciale entusiasmo per qualcosa.
[19] *minestra d'orzo*: minestra a base di orzo, patate, verdure e carne affumicata, tipica della regione.
[20] *scheda telefonica*: le schede magnetiche telefoniche hanno ormai sostituito quasi completamente l'uso delle monete e dei gettoni nei telefoni pubblici.
[21] *toscano*: tipo di sigaro italiano.

– Ma sì, Franco Rocchi, il calciatore, non ti ricordi?
– Non aveva cercato di ricattarla, anni fa?
– Esatto, ma un paio di mesi fa lei ha dato una grande festa per il suo sessantesimo compleanno, e fra gli invitati c'era anche lui. Hanno fatto pace.
– Ah, sì, ho letto qualcosa. Su *Novella 2000*[22], credo.

Michela scoppia a ridere.

– Bravo il nostro redattore culturale, ecco come si tiene informato!

"Perfetto, va tutto a gonfie vele[23]", pensa Marcello, e la guarda dritto negli occhi verdi.

– Sai che hai delle mani bellissime?

Michela fa una smorfia buffa come per dire "Lascia perdere", ma arrossisce[24], anche perché i primi[25] non sono ancora arrivati e hanno già bevuto vari bicchieri di vino.

– Quel Rocchi è un tipo poco raccomandabile, secondo me, e per di più ultimamente ha avuto dei guai con la giustizia in Francia.
– E il biglietto?
– Me l'ha detto Bartocci, del *Gazzettino*[26], lo conosci, no?. Mi sono trascritta il testo, perché è curioso, guarda... – e tira fuori dalla borsa una piccola agenda nera – Ecco, dice: "Non posso più vivere così vicino alle illusioni della vita. Addio a tutti, non cercatemi e dimenticatemi al più presto."
– Ma se questo era uno dei periodi migliori per la Turchetti...
– Infatti. Tra l'altro con il Cortinella d'Oro prende un sacco di milioni, e poi le vendite... Mah, a me questa storia non mi convince.
– "Non posso più vivere così vicino alle illusioni della vita"... È una frase strana, no? Proprio strana. Mi ricorda qualcosa...

Fuori il sole che tramonta tinge di rosso il monte Cristallo. L'aria sembra di vetro, dopo la pioggia del pomeriggio.

---

[22] *Novella 2000*: settimanale popolare, specializzato in notizie scandalistiche su attori, cantanti e personaggi della televisione.
[23] *andare a gonfie vele*: si dice quando qualcosa va benissimo.
[24] *arrossire*: diventare rosso, per timidezza o imbarazzo.
[25] *primi*: i primi piatti ad essere serviti durante un pasto. Sono *primi* i piatti a base di pasta, e le minestre.
[26] *Il Gazzettino*: quotidiano veneto.

– E tu cosa fai qui a Cortina, di solito? – chiede Marcello, approfittando dell'arrivo della polenta per cambiare argomento.

– Mah... mi riposo! Vado molto in montagna, leggo, non so, cucino con i miei amici, a volte vado a nuotare in piscina... o in mountain bike... Cose così.

– E il fidanzato dove l'hai messo?

Michela ride e alza gli occhi.

– Fidanzato, che parola grossa! – dice senza smettere di sorridere, e sospira. Marcello raccoglie prontamente la frase, il sorriso e il sospiro, e registra il messaggio. Ma non fa in tempo ad aggiungere altro, perché qualcosa attira l'attenzione della ragazza fuori dalla finestra.

– Marcello, guarda, quello non è il calciatore, l'ex-marito di Manù?

– Sì, certo, e quell'altro...

– ...è il suo editore, Graziani. Cosa faranno insieme?

– Sicuramente niente di buono.

I due parcheggiano la Maserati[27] sul bordo della strada davanti al ristorante e si allontanano verso il bosco.

– Io ho bisogno di un caffè, per affrontare la serata dalla contessa.

– A chi lo dici!

– Sai chi c'è?

– Le solite facce, suppongo. Ma se ci annoiamo proprio, ce ne andiamo, stai tranquilla.

Escono dal ristorante allegri, e a Marcello sembra di aver fatto grandi progressi, anche se Michela continua ad essere sfuggente. Ma dev'essere proprio questo che gli piace.

Sono appena saliti in macchina quando una Mercedes bianca li supera e si ferma poco più avanti.

– Guarda guarda, la zona è molto frequentata. Scommetto che stasera lo rivedremo presto, quel signore – dice Marcello mettendo in moto.

---

[27] *Maserati*: famosa marca di automobili sportive italiane.

4

In macchina, lungo la strada che porta alla baita[28] della contessa, appena fuori dal paese, Michela osserva Marcello guidare. Dopo aver chiacchierato e riso molto, al ristorante, in macchina è calato il silenzio, e Michela si sente a disagio, perché non conosce abbastanza Marcello. Lui sembra improvvisamente lontano, guida concentrato, quasi teso. Poi si gira di scatto, le prende la mano, le sorride.
– Ci sono – le dice.
Michela ride subito, <u>sollevata</u>. *Confortée*
– Cosa?
– Il biglietto.
– Che biglietto?
– Il biglietto di Manù Turchetti.
– Sì? – Michela continua a non capire.
– Quella frase, "Le illusioni della vita", te l'ho detto che mi ricordava qualcosa. Ora so cos'è.
– E cioè?
– Il titolo di un romanzo, di un certo Manfredi Guerra.
– Mai sentito.
– È un autore praticamente sconosciuto, della fine del secolo scorso. Ha pubblicato solo un libro, e poi non se n'è saputo più niente.
– Che strano... perché utilizzare il titolo di un libro per scrivere un biglietto di addio?
– Forse Manù cercava un effetto molto letterario, plateale.
– Mhh... non so, non ne sono tanto sicura. Poteva trovare un'infinità di altre frasi con lo stesso effetto. Perché usare il titolo di un libro che esiste, anche se non famoso?
– Dai, Michela, tu hai in mente qualcosa...
– Vuoi sapere cosa penso? Secondo me dietro quella frase si può nascondere un messaggio. Forse Manù Turchetti sta cercando di comunicare qualcosa.

Marcello e Michela sono sorpresi quando, dopo aver suonato alla porta della baita della contessa, è la Solmi Parrelli in persona ad apri-

---

[28] *baita*: abitazione tradizionale delle Alpi. *(chalet)*

re la porta, e non la cameriera filippina. La contessa indossa il costume tradizionale[29] cortinese, camicetta bianca, corpetto e gonna lunga ricamata.

Marcello le porge un mazzo di fiori.

– Grazie, sono splendidi! – dice la contessa, e li abbandona su un antico mobile dipinto che sta nell'ingresso.

– Furio sa dove trovare il vaso adatto. Io sono così... così... – e scoppia in una risatina metallica. – Ormai dovrebbe essere qui a minuti.

Nel salotto ci sono, tra gli altri, un ex-ministro, uno scrittore napoletano, una famosa anziana pittrice, qualche giornalista, tre industriali con mogli, e un paio di bellezze che attraggono subito l'attenzione di Marcello. E poi ci sono, naturalmente, i libri della contessa, appassionata bibliofila. Ogni volta che Marcello ha la possibilità di dare un'occhiata a quegli scaffali è felice, e gli piacerebbe poter avere più tempo per curiosare in giro.

Michela vede, in un gruppetto in fondo alla sala, alcune persone che conosce.

– Ehi, Michela! – la chiama una ragazza seduta su uno dei divani bianchi davanti al grande camino.

– Ah, ciao Costanza – la saluta Michela senza troppo entusiasmo. Costanza Bellini non le è molto simpatica.

– Sbaglio o sei entrata con quel tipo grassottello, con gli occhiali?

– Sì, certo, Marcello, perché?

– Sono mesi che gli do la caccia, lo devo assolutamente conoscere!

– Se aspetti un momento lo vado a cercare e te lo porto – le dice Michela, approfittandone per allontanarsi.

Dopo aver salutato un collega si avvicina alla libreria. Guarda distrattamente i volumi degli scaffali più bassi, ripensa alla strana richiesta di Costanza. Che vuole da Marcello? Un po' le dà fastidio. "Ma che, sei gelosa?" si chiede, e le sembra così assurdo che le viene da ridere.

---

[29] *costume tradizionale*: in questa zona d'Italia, è abbastanza frequente che le donne, specie non giovani, indossino il costume tradizionale anche nella vita di tutti i giorni.

– Marcello...
Lui alza gli occhi, la vede, le sorride e sembra che nella sala non ci sia nessun altro, solo loro due, in piedi, davanti alla grande libreria accanto alla finestra. Ma è solo un attimo, qualcosa la riporta alla realtà.
– Marcello, mi è venuta un'idea. Forse è una stupidaggine.
– Dimmi...
– Ho visto che tra i libri della contessa c'è anche *Le illusioni della vita*. Perché non gli diamo un'occhiata insieme? Magari salta fuori qualcosa...
– Buona idea.
In quel momento passa la contessa sottobraccio all'ex-ministro.
– Righi, ma per lei i libri sono proprio una malattia! – dice ridendo.
– Mi scusi, contessa, ma mi sono accorto che nella sua biblioteca c'è *Le illusioni della vita*, è un libro che mi incuriosisce molto... Le dispiace se...
– Guardi pure quel che vuole! – lo interrompe la contessa, trascinando via l'ex ministro, divertita.

Dopo aver preso il libro, Marcello e Michela si siedono su un piccolo sofà. Sono vicinissimi, ma ancora ridono e scherzano come due bambini che giocano agli investigatori. Lui ha spento il toscano, lei comincia subito a guardare *Le illusioni della vita*.
– Che bella copertina! – dice, mentre Marcello segue incantato le dita di lei che sfogliano il libro.
– Mah, veramente io non vedo niente che possa riguardare Manù Turchetti – esclama Michela dopo qualche minuto. – E tu che ne dici?
– Sono d'accordo... Ma sto ancora pensando a quel biglietto... C'è un'altra cosa che continua a sembrarmi molto strana...
– Cosa?
– Perché, secondo te, dice che non può più vivere così *vicino alle illusioni della vita*?
– Non saprei... È la parola *vicino* che non ti convince?
– Esatto... – Marcello si accende di nuovo il toscano. – Dov'era, questo libro?
– Là, su quello scaffale – indica Michela.
– Vieni, proviamo a vedere cosa c'è vicino a *Le illusioni della vita*.

Il volume a destra è una vecchia guida turistica della Spagna. Michela comincia a guardarla. L'altro sembra, dal titolo, un romanzo: *Esmeralda*. Marcello ne è incuriosito. Lo apre e lo sfoglia velocemente. È un'edizione della fine dell'Ottocento, ben conservata, stampata a Torino. Poi si sofferma sulla prima pagina, e non crede ai suoi occhi. Scorre i titoli dei capitoli, legge di nuovo l'inizio. Non è possibile!

– Michela, non sai cosa c'è qui!

– Mh?

– Questo è *Rose nella polvere*. Manù Turchetti ha copiato da qui il suo romanzo!

Michela legge: – "La giovane piangeva in silenzio sulla tomba coperta di neve..."

Molte pagine sono sottolineate e i bordi sono pieni di appunti a matita. I nomi dei personaggi sono diversi, ma a parte questo particolare, identici sono i titoli dei capitoli, e anche il finale è esattamente lo stesso. Un plagio[30].

Michela e Marcello si guardano. Sono senza parole.

5

Dopo aver rimesso a posto il libro, Marcello decide di guardarsi un po' intorno. Chiede di andare in bagno e sale al piano superiore. C'è un corridoio buio, lungo il quale si aprono le stanze. La prima porta è chiusa a chiave. La seconda è il bagno. La terza è un piccolo studio. Sulla scrivania Marcello vede una foto in una cornice d'argento: "Al mio caro Furio con affetto. Zia Fulvia". In un'altra, più piccola e sfuocata, a Marcello sembra di riconoscere Manù Turchetti abbracciata a Furio. Possibile? I cassetti sono tutti chiusi a chiave, tranne l'ultimo. Sotto a vecchi numeri di *Gente* e *Oggi*[31] ci sono due biglietti dell'Alitalia intestati a Mr. e Mrs. Solmi Parrelli. Destinazione, Buenos Aires. Data della partenza, 17 luglio. Fra due giorni! In un angolo in fondo al cassetto, Marcello trova una vecchia chiave.

---

[30] *plagio*: si parla di plagio quando qualcuno copia o si attribuisce un'opera o un'idea che in realtà appartengono ad altri.
[31] *Gente*, *Oggi*: settimanali piuttosto popolari, di grande diffusione.

Sempre più incuriosito, cerca di aprire gli altri cassetti quando sente dei passi sulle scale di legno. Silenziosamente esce dallo studio ed entra in bagno. Un attimo dopo si affaccia nel corridoio, in tempo per vedere Furio chiudersi alle spalle la porta dello studio.

Di sotto, intanto, alcuni ospiti hanno cominciato ad andare via. Marcello rientra in salotto e si avvicina all'angolo-bar.
– Contessa, la prego, mi piacerebbe riassaggiare quella grappa[32] alla pera che aveva l'anno scorso, ricorda?
Fulvia Solmi Parrelli lo guarda senza capire, e spalanca gli occhi. Sembra una strana vecchia bambola. Ma si riprende subito.
– Ah, mi scusi, pensavo ad altro... Ha visto Furio?
– No...
Tra le bottiglie Marcello trova subito la grappa alla pera che la contessa non ricordava, e se ne versa un bicchiere.

Michela e Marcello sono in macchina e cercano di fare il punto della situazione.
– Dunque *Rose nella polvere* è un plagio. Quello che non capisco è perché la contessa ci ha permesso di guardare proprio tra quei libri. Avrebbe potuto trovare una scusa e impedircelo.
– Sì, infatti. Ma c'è una cosa strana, io ho avuto l'impressione che lei non sapesse di cosa parlavi, quando le hai chiesto di vedere *Le illusioni della vita*.
– È vero, anch'io ho pensato la stessa cosa, ma in quel momento non gli ho dato importanza.
– E quel libro, come si chiama?, *Esmeralda*, pieno di appunti e sottolineature... cosa significa?
– Tutto questo non ha senso... Perché Manù Turchetti manda un biglietto alla Solmi Parrelli indicando una pista che denuncia il suo plagio?
– E perché quel libro è a casa della Solmi Parrelli e lei sembra non saperlo?
– Non ci capisco niente.

---

[32] *grappa*: liquore ad alta gradazione alcolica, spesso aromatizzato con erbe o frutta. Viene prodotto nell'Italia del nord, in particolare in Veneto.

La macchina è ferma davanti a casa di Michela.
– Io stanotte dormo al Posta. Ci sentiamo domani mattina?
– Va bene, ma non troppo presto, guarda che ora è! E alle cinque c'è la consegna del Cortinella d'Oro, ricordati!
– Se ti viene in mente qualcosa su questa storia chiamami subito, OK?
– Certo commissario!
– E grazie della compagnia.
– Grazie a te.
Silenzio. Marcello gioca nervosamente con le chiavi, Michela sembra stanca.
– Allora a domani.
– Chissà, magari proprio quando la Solmi Parrelli consegna il premio della Turchetti a se stessa, quella riappare...
– Sarebbe un bel colpo di scena!
Marcello la guarda allontanarsi.
– Michela! – la chiama prima che lei abbia raggiunto il portone.
– Sì?
– Niente. Buonanotte.
Lei sorride ancora, ma è un sorriso strano, diverso da come sorrideva al ristorante o dalla contessa. Poi si gira lentamente, entra in casa e si richiude il portone alle spalle.
"Idiota imbecille, perché non l'hai baciata?"
Sì, forse sta veramente invecchiando.

6

La mattina Marcello si sveglia presto, mentre il campanile batte le sette. Fa colazione con calma, nella sala da pranzo quasi deserta. Lentamente, forse, comincia a capire. Forse sono solo fantasie, ipotesi. Ha bisogno dell'aiuto di Michela. Aspetta le otto per chiamarla.
– Michela, sono Marcello. Vai immediatamente al ristorante di ieri sera, nasconditi e cerca di vedere se passano Furio o la contessa.
– Ma sono le otto di mattina e diluvia!
– Ti prego, fa' come ti dico, poi ti spiego tutto.
– Allora ti aspetto al parcheggio del ristorante.

– Sì, ci vediamo tra mezz'ora.

– Ma non smette mai di piovere? – si chiede Michela, e guarda le righe di pioggia sul parabrezza.

È passata più di un'ora dalla telefonata di Marcello, e lui non è ancora arrivato. Lei comincia a preoccuparsi, quando all'improvviso due fari gialli prendono la stradina che passa dietro al ristorante, a pochi metri dalla Uno[33] rossa di Michela. La Maserati di ieri sera! Sorpresa: al volante c'è Furio, non ci sono dubbi. La macchina prosegue in direzione del lago.

Pochi minuti dopo arriva Marcello. Michela scende di corsa dalla sua Uno e sale sulla *station wagon* di Marcello.

– Avevi ragione, è appena passato Furio!
– Da che parte è andato?
– Di là, verso il lago...
– Seguiamolo, presto!
– Sì, ma non sai... era sulla Maserati dell'ex-marito della Turchetti.
– Allora adesso comincio a divertirmi! – dice Marcello mordendo nervosamente il toscano, e Michela non capisce se è veramente divertito o soprattutto preoccupato.

La Maserati ha superato il lago e ha girato a sinistra. Davanti a una piccola baita di legno nascosta da un gruppo di alberi Furio si ferma. Scende dalla macchina, corre verso la casa, si ferma davanti alla porta per cercare la chiave. Poi apre la porta ed entra. Michela e Marcello lasciano la macchina in un punto non visibile e si avvicinano cautamente, aiutati dal rumore della pioggia sul tetto di metallo della baita. Sono appena passati sul retro quando la porta si riapre e Furio esce di corsa, sale in macchina e riparte, in direzione di Cortina.

Marcello e Michela si scambiano un'occhiata.

– Sì, dai – dice Michela pianissimo, e spingono la porta della baita. La porta non si apre.
– La chiave, accidenti!
– Che chiave?
– Quella che era nel cassetto, a casa della contessa!

---

[33] *Uno*: piccola automobile prodotta dalla FIAT.

– E adesso?
– Non lo so, ma dobbiamo cercare di entrare, e in fretta. Se Furio torna indietro proprio ora...
– Guarda questa finestra, forse...
– Aspetta!

Marcello si avvolge la mano e l'avambraccio nella giacca a vento e con un colpo secco rompe il vetro.

– Sbrighiamoci!

Dentro è così buio che all'inizio non si vede assolutamente niente. Marcello allora accende un fiammifero, ed appare una piccola stanza quadrata. Al centro c'è un tavolo con quattro sedie, a sinistra un lavandino, a destra una credenza e un letto a castello. Su una mensola sopra al lavandino, tra piatti e bicchieri, proprio quando il fiammifero si sta per spegnere, Michela vede una torcia. La prende e illumina le pareti della baita. Poi dirige la luce verso il pavimento. Sembra tutto a posto.

– Guarda un po' lì, vicino alla credenza – dice Michela. Le tavole del pavimento in quel punto sembrano rialzate.
– È una botola!
– Riesci a tirarla su?
– Ci provo...
– Forza!
– Ecco fatto!

Di sotto, la luce della torcia illumina una scaletta, e uno spazio scuro e umido. Michela e Marcello si affacciano per cercare di vedere meglio. Là sotto, da qualche parte, c'è qualcuno che si lamenta.

– Scendiamo, presto.
– Sì, ma sbrighiamoci, se torna Furio...
– Sarà la Turchetti?
– Tu dici? Secondo me è...
– La contessa!

7

La sala è illuminata, il pubblico elegante delle grandi occasioni mondane già tutto seduto e in attesa. Sono passati venti minuti dall'orario previsto per la premiazione, e il segretario, un noto poeta, ha già tenuto il discorso ufficiale. Tutti aspettano la contessa Solmi Parrelli, presidente e organizzatrice del Premio Cortinella d'Oro, perché la cerimonia della consegna simbolica del premio alla Turchetti abbia inizio.

Finalmente la contessa entra nella sala, accolta dagli applausi.

– Sembra stanca – osserva subito dalla prima fila la moglie di un regista televisivo, rivolta alla sua vicina, una famosa cantante lirica.

– Secondo me è preoccupata. E che orrore quel cappello!

La contessa si siede, riordina nervosamente i fogli che ha davanti a sé, si abbassa il cappello sugli occhi che sembrano arrossati, e si avvicina al microfono.

– In questa busta c'è il premio – dice mostrando una busta azzurra. La voce è quasi strozzata.

– Nel mio cuore, come in quello di tutti voi, c'è invece la speranza che Manù Turchetti, la nostra adorata Manù, possa essere presto tra noi per ritirarlo. Manù, torna presto e...

– Manù Turchetti è già qui! – dice una voce dal fondo della sala.

Tutti si girano in quella direzione. Un uomo giovane, vestito con una giacca a vento blu e un paio di vecchi jeans è in piedi davanti alla porta.

– Righi! – grida la contessa alzandosi in piedi.

– Manù Turchetti, cos'hai, paura di perdere l'aereo per Buenos Aires? Ferma dove sei, i carabinieri stanno arrivando!

Il pubblico sembra impietrito. In un silenzio di tomba Marcello intanto è arrivato al tavolo della giuria e ha bloccato la falsa contessa, che ormai piange coprendosi il viso.

– Signore e signori, voglio invitare ad entrare qualcuno che tutti voi conoscete molto bene.

In quel momento da dietro la tenda che copre la porta di ingresso compare una ragazza bruna, con i capelli corti, che sostiene una anziana signora. Tutti si alzano in piedi – Fulvia! Contessa! – esclamano, e in molti le si avvicinano, la circondano, l'abbracciano, la baciano.

– Marcello, ci vuoi spiegare? – chiede a nome di tutti un giornalista presente in sala, dopo che i carabinieri hanno arrestato Manù Turchetti e la contessa è andata a casa accompagnata da un'amica.

– Semplice – risponde lui. – Qualcuno di voi ha mai letto un romanzo intitolato *Esmeralda*?

Tutti lo guardano senza capire.

– In effetti è uscito qualche anno fa, nel 1896, precisamente. E non mi risulta che abbia avuto un grande successo. Sicuramente meno di *Rose nella polvere*. Però non è un brutto romanzo, vero Michela? – dice strizzando l'occhio[34] all'amica che gli sorride dalla prima fila.

– Non peggiore di *Rose nella polvere*, almeno – continua Marcello – dato che Manù Turchetti ha pensato bene di copiarlo.

– E cosa c'entra la Solmi Parrelli? – chiede qualcuno.

– La contessa, come sapete, è un bibliofila appassionata. Conosceva quel romanzo, *Esmeralda*. Il suo errore è stato quello di leggere il romanzo della Turchetti molto tardi, praticamente pochi giorni fa. Ma appena lo legge si accorge subito di cosa ha fatto Manù, si arrabbia moltissimo, minaccia di denunciarla. E ovviamente non vorrebbe più darle il premio.

– Brutto affare! – commenta una signora.

– Lei ha sintetizzato perfettamente la questione. Brutto affare per molti, che sul premio ci contavano. L'editore per le vendite, Manù per i soldi, e Furio, voglio dire, il nipote della contessa, perché da un po' era l'amante della Turchetti e quindi...

– No!

– Sì, signora. Sorpresa, eh? Così bisogna fare in modo che la contessa stia zitta e il premio venga consegnato lo stesso. Ma come fare? La contessa deve sparire, e qualcuno la deve sostituire.

– La Manù[35] ha recitato, da giovane – fa un signore dalla seconda fila.

– Esatto. Hanno quasi la stessa età, e una straordinaria somiglianza fisica. La Turchetti conosce molto bene la contessa, con un buon trucco non è difficile imitarla. Il resto lo potete immaginare.

– Ma come ha fatto a scoprire dove era stata nascosta la contessa? – chiede una signora elegante dal fondo della sala.

– Beh, per questo è bastato seguire i quattro, l'editore, l'ex marito della Turchetti, Furio e quella che credevamo fosse la contessa. La

---

[34] *strizzare l'occhio*: gesto di simpatia o complicità.
[35] *la Manù*: nel nord Italia è normale far precedere i nomi propri femminili dall'articolo "la".

mia collega Michela Massi ed io avevamo già notato, del tutto casualmente – e qui nuovamente Marcello strizza l'occhio a Michela – degli strani movimenti intorno al lago Ghedina... Mi sarebbe piaciuto vedere la faccia che hanno fatto quando, oggi pomeriggio, sono tornati alla baita e non hanno trovato la contessa.

– E perché non l'hanno ammazzata, la povera contessa? – domanda una bella ragazza che Marcello aveva già notato la sera precedente dalla Solmi Parrelli.

– Questo è stato un grave errore, è chiaro. Ma la Turchetti e Furio se ne erano lavati le mani[36], loro avevano solo fretta di andarsene insieme in Sudamerica. L'ex-marito di Manù Turchetti, invece, era di ben altra opinione, essendo interessato alla faccenda per via dell'assicurazione sulla vita. Ma per ora non posso veramente dirvi di più, il resto lo racconteranno loro stessi, li stanno interrogando. Ah, un'ultima cosa... senza il contributo decisivo di Michela Massi, tutto questo, forse, non sarebbe stato scoperto così presto.

E con queste parole esce dalla sala seguito da Michela, riuscendo ad evitare l'assalto dei presenti.

Fuori non piove più e il cielo è sereno. Sono le otto, in giro non c'è quasi nessuno. Marcello e Michela salgono sulla macchina di lui. Il nervosismo della sera prima è scomparso, adesso sono tutti e due rilassati, contenti.

– Fame? – chiede Marcello passandole un braccio intorno alle spalle.

– Da morire!

Lei si gira verso di lui, all'improvviso sono vicinissimi.

– Vediamo un po' come stai senza occhiali...

– Polenta con i funghi?
– Nooo!!
– Allora ti porto io in un bel posto. Rosengarten, si chiama. Magari domani c'è il sole.

---

[36] *lavarsene le mani*: espressione che fa riferimento al comportamento di Ponzio Pilato nei confronti di Gesù e che significa scaricarsi di ogni responsabilità riguardo a qualcosa.

ATTIVITÀ

1

1. Segna con una X le risposte esatte.

	Vero	Falso
a. Marcello Righi è un giornalista del settimanale *Il Globo*.	❏	❏
b. Marcello Righi riceve tre telefonate.	❏	❏
c. Guardandosi allo specchio, Marcello è soddisfatto della sua immagine.	❏	❏
d. Marcello conosce Heidi fin da quando questa era una bambina.	❏	❏
e. Riguardo la colazione, Marcello Righi è un abitudinario.	❏	❏
f. L'avvocato Venanzi è un esperto alpinista, come dimostra il suo abbigliamento.	❏	❏

2. Anche se non sei troppo bravo a disegnare, perché non provi a fare il ritratto di Marcello, basandoti sulla sua descrizione?

3. Fai una lista di tutte le persone che compaiono in questo capitolo.

4. Nel capitolo si parla di diverse cose che si possono prendere a colazione. Trascrivile, dividendo le bevande dai cibi solidi.

2

1. Rimetti in ordine, secondo la sequenza corretta, i fatti che capitano a Marcello:

<u>1</u> Parte da Sesto dopo aver fatto colazione.
___ Arriva Furio.
___ Entra all'hotel Posta.
___ Parcheggia la macchina.
___ Incontra la contessa Solmi Parrelli.
___ In macchina ascolta la radio e ripensa alla foto di Manù Turchetti.
___ Parla con la contessa di Manù Turchetti.
___ Si diverte a guardare i passanti sul corso di Cortina.
___ La contessa gli presenta Furio.
___ La trova diversa da come la ricordava.

3

1. Ricordi bene quello che hai letto? Rispondi alle domande, e poi controlla il testo. Hai risposto correttamente?

a. Dove si incontrano Marcello e Michela?
b. Com'è Michela Massi fisicamente?
c. Che cosa ordinano Marcello e Michela al ristorante?
d. Che cosa sappiamo dell'ex marito di Manù Turchetti?
e. Dove vanno Marcello e Michela dopo cena?
f. Che cosa significa che qualcosa "va a gonfie vele"?

4

1. Completa le frasi.

a. In macchina Michela è a disagio perché _____.
b. La frase "le menzogne della vita" ricorda a Marcello _____.
c. Marcello e Michela portano in regalo alla contessa _____.
d. Davanti alla libreria, Michela ha l'idea di _____.
e. Come la contessa, anche Marcello ama molto _____.

5

1. Unisci come nell'esempio.

a. Nel cassetto dello studio Marcello trova...
b. Marcello desidera bere...
c. Marcello riaccompagna a casa Michela...
d. Salendo al piano superiore Marcello vede...
e. Marcello esce dallo studio quando sente...

a. ...della grappa alla pera.
b. ...molto tardi.
c. ...un corridoio, uno studio e un bagno.
d. ...qualcuno che sale le scale.
e. ...una chiave, delle riviste e due biglietti aerei.

6

1. Sostituisci le parti in corsivo con un sinonimo della lista.

a. Marcello fa colazione *con calma*.
b. *Lentamente*, forse, comincia a capire.
c. 'Vai *immediatamente* al ristorante'
d. Marcello e Michela lasciano la macchina in un punto *non visibile* e si avvicinano *cautamente*.
e. Sono appena passati *sul retro*.
f. Marcello e Michela *si scambiano un'occhiata*.
g. Le tavole del pavimento sembrano *rialzate*.
h. Sembra tutto *a posto*.

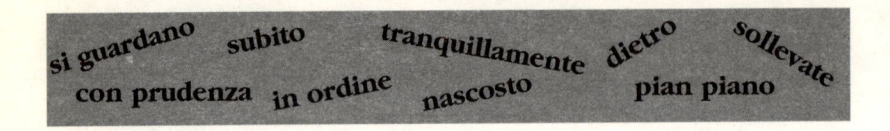

> si guardano   subito   tranquillamente   dietro   sollevate
> con prudenza   in ordine   nascosto   pian piano

7

1. Ricordi bene quello che hai letto? Rispondi alle domande e poi controlla sul testo se hai risposto correttamente.

a. Come appare la falsa contessa quando entra nella sala?
b. Come si intitola il romanzo che Manù Turchetti ha copiato per scrivere il suo *Rose nella polvere*?
c. Che cosa è successo quando la contessa Solmi Parrelli si è accorta del plagio?
d. Furio, Manù, l'editore e l'ex marito di Manù: chi di loro avrebbe voluto uccidere la contessa? Perché?
e. Dove vanno Marcello e Michela alla fine della storia?

CHIAVI

1

1. a. vero; b. falso; c. vero; d. falso; e. vero; f. falso. **3.** La signora Tschurschentaler, Marcello Righi, Marianna, Marroni, Heidi, l'avvocato Venanzi. **4.** Bevande: latte, tè, cioccolato, succo di frutta, yogurt, caffè. Cibi solidi: panino, strudel, marmellata, burro, affettati.

2

1. 1 Marcello Righi parte da Sesto dopo aver fatto colazione. 2 In macchina ascolta la radio e ripensa alla foto di Manù Turchetti. 3 Parcheggia. 4 Si diverte a guardare i passanti sul corso di Cortina. 5 Entra nell'hotel. 6 Incontra la contessa Solmi Parrelli. 7 La trova diversa da come la ricordava. 8 Parla con la contessa di Manù Turchetti. 9 Arriva Furio. 10 La contessa gli presenta Furio.

3

1. a. Davanti alla farmacia di Cortina. b. Piccolina, rotondetta, capelli corti, sempre sorridente. c. Vino della casa, polenta con i funghi, minestra d'orzo. d. Si chiama Rocchi; è un calciatore; anni prima ha cercato di ricattare Manù Turchetti, ma poi hanno fatto pace, lei l'ha invitato al suo sessantesimo compleanno e ha stipulato un'assicurazione sulla vita a suo favore; ha avuto guai con la giustizia in Francia. e. A casa della contessa Solmi Parrelli. f. Significa che va benissimo.

4

1. a. Non conosce abbastanza Marcello. b. Il titolo di un libro. c. Un mazzo di fiori. d. Guardare *Le menzogne della vita*. e. I libri.

5

1. a-e; b-a; c-b; d-c; e-d.

6

1. a. con calma = tranquillamente **b.** lentamente = pian piano **c.** immediatamente = subito **d.** non visibile = nascosto **e.** cautamente = con prudenza **f.** sul retro = dietro **g.** si scambiano un'occhiata = si guardano **h.** rialzate = sollevate **i.** a posto = in ordine.

7

1. a. Nervosa, stanca, occhi arrossati, porta un brutto cappello che le copre il viso. **b.** Esmeralda. **c.** Si arrabbia con Manù Turchetti e minaccia di denunciarla. **d.** L'ex marito, per ricevere l'assicurazione sulla vita. **e.** A Sesto.

L'italiano per stranieri

Amato
Mondo italiano
testi autentici sulla realtà sociale
e culturale italiana
- libro dello studente
- quaderno degli esercizi

Ambroso e Stefancich
Parole
10 percorsi nel lessico italiano
esercizi guidati

Avitabile
Italian for the English-speaking

Balboni
GrammaGiochi
per giocare con la grammatica

Ballarin e Begotti
Destinazione Italia
l'italiano per operatori turistici
- manuale di lavoro
- 1 audiocassetta

Barki e Diadori
Pro e contro
conversare e argomentare in italiano
- 1 liv. intermedio - libro dello studente
- 2 liv. interm.-avanz. - libro dello studente
- guida per l'insegnante

Battaglia
Grammatica italiana per stranieri

Battaglia
**Gramática italiana
para estudiantes de habla española**

Battaglia
Leggiamo e conversiamo
letture italiane con esercizi
per la conversazione

Battaglia e Varsi
Parole e immagini
corso elementare di lingua italiana
per principianti

Bettoni e Vicentini
Passeggiate italiane
lezioni di italiano - livello avanzato

Bettoni e Vicentini
Imparare dal vivo **
lezioni di italiano - livello avanzato
- manuale per l'allievo
- chiavi per gli esercizi

Buttaroni
Letteratura al naturale
autori italiani contemporanei
con attività di analisi linguistica

Camalich e Temperini
Un mare di parole
letture ed esercizi di lessico italiano

Carresi, Chiarenza e Frollano
L'italiano all'opera
attività linguistiche
attraverso 15 arie famose

Cherubini
L'italiano per gli affari
corso comunicativo di lingua
e cultura aziendale
- manuale di lavoro
- 1 audiocassetta

Cini
Strategie di scrittura
quaderno di scrittura - livello intermedio

Diadori
Senza parole
100 gesti degli italiani

du Bessé
PerCORSO GUIDAto guida di Roma
con attività ed esercizi di italiano

du Bessé
PerCORSO GUIDAto guida di Firenze
con attività ed esercizi di italiano

Gruppo META
Uno
corso comunicativo di italiano
primo livello
- libro dello studente
- libro degli esercizi e grammatica
- guida per l'insegnante
- 3 audiocassette

Gruppo META
Due
corso comunicativo di italiano
secondo livello
- libro dello studente
- libro degli esercizi e grammatica
- guida per l'insegnante
- 4 audiocassette

Gruppo NAVILE
Dire, fare, capire
l'italiano come seconda lingua
- libro dello studente
- guida per l'insegnante
- 1 audiocassetta

Humphris, Luzi Catizone, Urbani
Comunicare meglio
corso di italiano
livello intermedio-avanzato
- manuale per l'allievo
- manuale per l'insegnante
- 4 audiocassette

***Istruzioni per l'uso
dell'italiano in classe*** 1
88 suggerimenti didattici
per attività comunicative

***Istruzioni per l'uso
dell'italiano in classe*** 2
111 suggerimenti didattici
per attività comunicative

Jones e Marmini
Comunicando s'impara
esperienze comunicative
- libro dello studente
- libro dell'insegnante

Maffei e Spagnesi
Ascoltami!
22 situazioni comunicative
- manuale di lavoro
- 2 audiocassette

Marmini e Vicentini
Passeggiate italiane
lezioni di italiano - livello intermedio

Marmini e Vicentini
Imparare dal vivo *
lezioni di italiano - livello intermedio
- manuale per l'allievo
- chiavi per gli esercizi

Marmini e Vicentini
Ascoltare dal vivo
manuale di ascolto - livello intermedio
- quaderno dello studente
- libro dell'insegnante
- 3 audiocassette

Paganini
ìssimo
quaderno di scrittura - livello avanzato

Pontesilli
I verbi italiani
modelli di coniugazione

Quaderno IT - n. 2
esame per la certificazione
dell'italiano come L2 - livello avanzato
prove del 1996 e del 1997
- volume+audiocassetta

Quaderno IT - n. 3
esame per la certificazione
dell'italiano come L2 - livello avanzato
prove del 1998 e del 1999
- volume+audiocassetta

Radicchi
Corso di lingua italiana
livello intermedio

Radicchi
In Italia
modi di dire ed espressioni idiomatiche

Spagnesi
Dizionario dell'economia e della finanza

Stefancich
Cose d'Italia
tra lingua e cultura

Stefancich
Tracce di animali
nella lingua italiana tra lingua e cultura

Svolacchia e Kaunzner
Suoni, accento e intonazione
corso di ascolto e pronuncia
- manuale
- 5 CD audio

Totaro e Zanardi
Quintetto italiano
approccio tematico multimediale
livello avanzato
- libro dello studente con esercizi
- libro per l'insegnante
- 2 audiocassette
- 1 videocassetta

Ulisse
Faccia a faccia
attività comunicative
livello elementare-intermedio

Urbani
Senta, scusi...
programma di comprensione auditiva
con spunti di produzione libera orale
- manuale di lavoro
- 1 audiocassetta

Urbani
Le forme del verbo italiano

Verri Menzel
La bottega dell'italiano
antologia di scrittori italiani del Novecento

Vicentini e Zanardi
Tanto per parlare
materiale per la conversazione
livello medio-avanzato
- libro dello studente
- libro dell'insegnante

Bonacci editore

Linguaggi settoriali

Dica 33
il linguaggio della medicina
- libro dello studente
- guida per l'insegnante
- 1 audiocassetta

L'arte del costruire
- libro dello studente
- guida per l'insegnante

Una lingua in pretura
il linguaggio del diritto
- libro dello studente
- guida per l'insegnante
- 1 audiocassetta

I libri dell'arco

1. Balboni • *Didattica dell'italiano a stranieri*
2. Diadori • *L'italiano televisivo*
3. Micheli • *Test d'ingresso di italiano per stranieri*
4. Benucci • *La grammatica nell'insegnamento dell'italiano a stranieri*
5. AA.VV. • *Curricolo d'italiano per stranieri*
6. Coveri et al. • *Le varietà dell'italiano*

Università per Stranieri di Siena - Bonacci editore

Classici italiani per stranieri

testi con parafrasi a fronte* e note

1. Leopardi • *Poesie**
2. Boccaccio • *Cinque novelle**
3. Machiavelli • *Il principe**
4. Foscolo • *Sepolcri e sonetti**
5. Pirandello • *Così è (se vi pare)*
6. D'Annunzio • *Poesie**
7. D'Annunzio • *Novelle*
8. Verga • *Novelle*
9. Pascoli • *Poesie**
10. Manzoni • *Inni, odi e cori**
11. Petrarca • *Poesie**
12. Dante • *Inferno**
13. Dante • *Purgatorio**
14. Dante • *Paradiso**
15. Goldoni • *La locandiera*
16. Svevo • *Una burla riuscita*

Libretti d'Opera per stranieri

testi con parafrasi a fronte* e note

1. *La Traviata**
2. *Cavalleria rusticana**
3. *Rigoletto**
4. *La Bohème**
5. *Il barbiere di Siviglia**
6. *Tosca**
7. *Le nozze di Figaro*
8. *Don Giovanni*
9. *Così fan tutte*
10. *Otello**

Letture italiane per stranieri

1. Marretta • *Pronto, commissario...? 1*
16 racconti gialli con soluzione
ed esercizi per la comprensione del testo

2. Marretta • *Pronto, commissario...? 2*
16 racconti gialli con soluzione
ed esercizi per la comprensione del testo

3. Marretta • *Elementare, commissario!*
8 racconti gialli con soluzione
ed esercizi per la comprensione del testo

Mosaico italiano

1. Santoni • *La straniera*
2. Nabboli • *Una spiaggia rischiosa*
3. Nencini • *Giallo a Cortina*
4. Nencini • *Il mistero del quadro di Porta Portese*
5. Santoni • *Primavera a Roma*
6. Castellazzo • *Premio letterario*
7. Andres • *Due estati a Siena*
8. Nabboli • *Due storie*
9. Santoni • *Ferie pericolose*
10. Andres • *Margherita e gli altri*

Bonacci editore

Finito di stampare nel mese di settembre 2000 dalla TIBERGRAPH s.r.l. Città di Castello (PG)